まちごとアジア

Iran 005 Persepolis

ペルセポリス

華麗なる「王都」

تخت جمشید

Asia City Guide Production

【白地図】イラン

イラン

Persepolis 白地図

【白地図】イラン中心部

ASIA
イラン

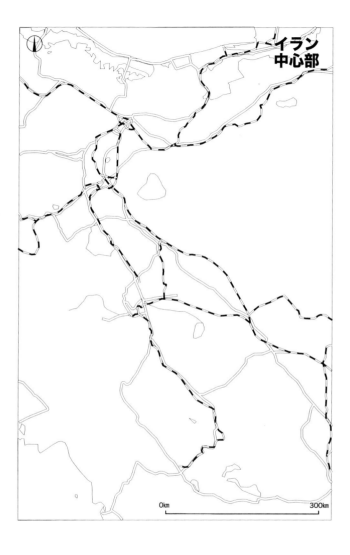

イラン中心部

Persepolis 白地図

【白地図】シーラーズ〜ペルセポリス

ASIA
イラン

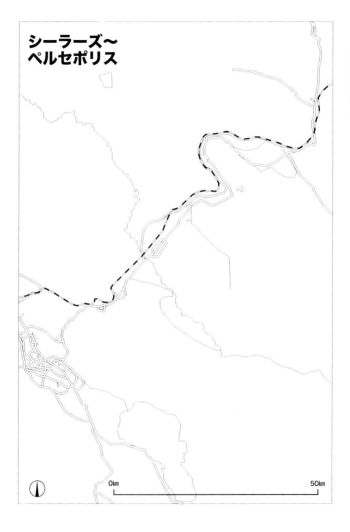

【白地図】ペルセポリス近郊図

ASIA
イラン

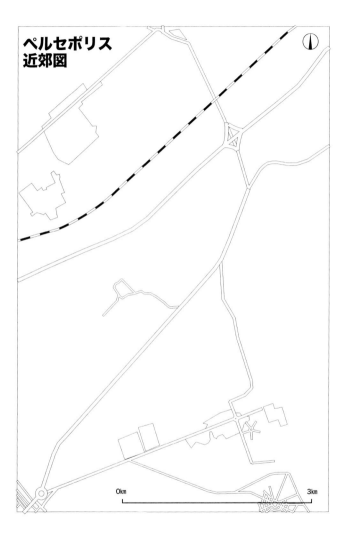

【白地図】ペルセポリス

ASIA
イラン

ペルセポリス

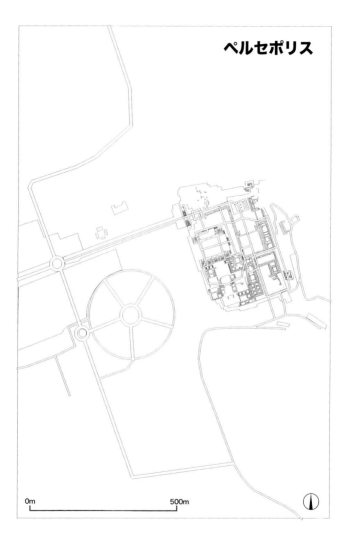

Persepolis 白地図

【白地図】ペルセポリス遺跡

ペルセポリス遺跡

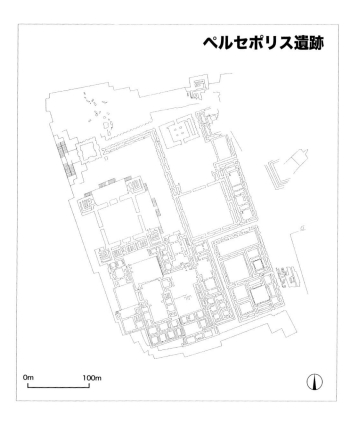

Persepolis 白地図

ASIA
イラン

【まちごとアジア】
イラン001 はじめてのイラン
イラン002 テヘラン
イラン003 イスファハン
イラン004 シーラーズ
イラン005 ペルセポリス
イラン006 パサルガダエ（ナグシェ・ロスタム）
イラン007 ヤズド
イラン008 チョガ・ザンビル（アフヴァーズ）
イラン009 タブリーズ
イラン010 アルダビール

　今から2500年前、メソポタミア文明に継いで、オリエント世界の主となったアケメネス朝ペルシャ。帝国の領土はイラン、トルコ、北西インド、中央アジア、エジプトといった広大な地域におよび、さまざまな民族がひとつの国家のもとに統治されていた。

　紀元前520年、アケメネス朝の最強君主ダレイオス1世は、帝国の精神的象徴となる新たな都の建設にとりかかり、ペルセポリスが造営されることになった。この都の造営にあたっては古代オリエント世界の芸術や技術が結集され、ダレイオ

Persepolis
ペルセポリス
تخت جمشید

ス1世時代に着工したのち、その子クセルクセス、アルタクセルクセスと100年の歳月をかけて造営が続けられた。

このアケメネス朝の都は、紀元前4世紀、ペルシャを破って新たなオリエントの王となったアレクサンダーによって焼き払われ、以来、廃墟と化した。現在、ペルセポリスは世界遺産に指定され、宮殿跡や柱、階段に残るレリーフが古代ペルシャの繁栄の余韻を伝えている。

【まちごとアジア】

イラン 005 ペルセポリス

目次

ペルセポリス……………………………………………………xiv

歴史上現れた初の帝国……………………………………………xxii

1年がはじまる聖域………………………………………………xxx

ペルセポリス鑑賞案内……………………………………………xxxix

アレクサンダー東方へ……………………………………………lxv

【MEMO】

【地図】イラン

ASIA
イラン

【地図】イラン中心部

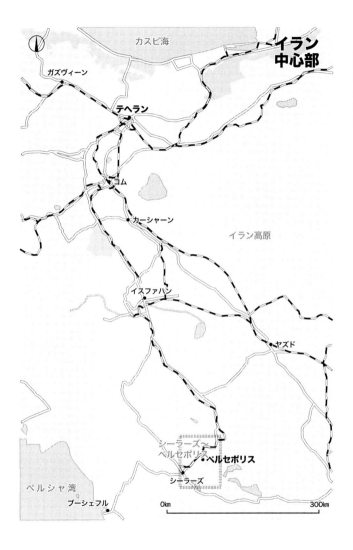

歴史上現れた初の帝国

ASIA
イラン

地中海から中央アジアへいたる広大な領土
強大な権力をもった王
世界史を切り開いた帝国の姿

イランの建国

「アーリア人の国」を意味するイランは、紀元前10世紀ごろ、南ロシアのステップ地帯からイラン高原に移動したアーリア人の一派を源流とする（ペルシャはその古名でギリシャからの呼称）。古代オリエントではシュメール、バビロニアなどが勢力を誇り、アーリア人は新興勢力に過ぎなかったが、徐々に力をたくわえ、紀元前6世紀、宗主国メディアを倒してアケメネス朝（イラン）が樹立された。またイランの一派と別のアーリア人はインド方面へ侵入し、南アジアにバラモン文化をもちこむことになった。

Persepolis

歴史上現れた初の帝国

アケメネス朝の政治

イランを中心にアナトリア半島、南アジア北西部、中央アジア、バルカン半島、エジプトといった広大な領域を支配したアケメネス朝。第3代ダレイオス1世の時代に、中央集権体制が整備され、20もの州に分割された帝国各地に中央からペルシャ人のサトラップ（知事）が派遣されていた。また「王の目」、「王の耳」と呼ばれる監察官が地方を巡回し、帝国各地にめぐらされた「王の道」を走る早馬はサルディス（小アジア）から都スーサまでわずか1週間で走ったという。こうした王を中心とする支配体制は、ローマやオスマン・トルコ

▲左　右側のペルシャ王に謁見する人、王は絶大な権力をにぎっていた。
▲右　ペルセポリスではさまざまな意匠の動物に出合う

などその後の歴史に多大な影響を与えている。

アケメネス朝の宗教

古代オリエントで信仰されていたのは多神教だったが、アケメネス朝ではアーリア人古来の宗教（火など森羅万象に神が宿るとみる拝火教）を改革した一神教のゾロアスター教が信仰されていた。その神アフラ・マズダとペルシャ王は重ねてみられ、司祭による祭祀が行なわれていた。このゾロアスター教（現在もインドなどに信徒がいる）は、のちのササン朝時代にも国教とされたが、やがてイランはイスラム化すること

ASIA
イラン

になった。また諸民族の信仰には寛容な面をもち、初代キュロス王がバビロンに捕囚されていたユダヤ人を解放し、その寺院建設を援助したことが知られる。

アケメネス朝の芸術

ギリシャ職人によるイオニア式柱頭、アッシリアで使われた有翼獣の意匠など、ペルセポリスでは古代オリエントの粋を集めた美術が見ることができる。こうした古代オリエントの美術を踏襲しつつも、アケメネス朝の美術ではより優雅で繊細さが見られるようになった。アレクサンダー、パルティア

Persepolis 歴史上現れた初の帝国

▲左　廃墟となった古代の宮殿。　▲右　ペルセポリスは中東を代表する遺構

をへてササン朝へとペルシャ芸術は受け継がれていくが、その過程で神殿を守る獅子の像（メソポタミアでは都市の守護神）はインドの影響とあいまって、「神社の守護神」狛犬として日本にも伝っている。

アケメネス朝の歴代王位

キュロス王
(在位紀元前 559 年〜前 529 年)

カンビュセス
(在位紀元前 529 年〜前 522 年)

ダレイオス 1 世
(在位紀元前 521 年〜前 485 年)

クセルクセス
(在位紀元前 485 年〜前 465 年)

アルタクセルクセス 1 世
(在位紀元前 465 年〜前 424 年)

ダレイオス 2 世
(在位紀元前 422 年〜前 404 年)

アルタクセルクセス 2 世
(在位紀元前 404 年〜前 358 年)

アルタクセルクセス 3 世
(在位紀元前 359 年〜前 338 年)

ダレイオス 3 世
(在位紀元前 335 年〜前 330 年)

【MEMO】

1年が
はじまる
聖域

ASIA
イラン

昼と夜が同じ長さになる春分の日
それは農耕の開始を告げるナウローズ
この都で盛大な祭祀が執り行なわれた

オリエント屈指の古代遺跡

シーラーズの北東60kmに位置するアケメネス朝ペルシャの都市遺跡ペルセポリス。ここは「ペルシャ人の都」という意味に、アレクサンダーに破壊されたことから「破壊（ペルシス）」という言葉をかけてこの名前で呼ばれるようになった。ペルセポリスを都とするペルシャ帝国は広大な領土をもち、帝国中から呼び寄せられた職人、各地から運ばれてきた石材、木材、鉱物などの材料、アッシリア風の有翼獣、イオニア様式の柱頭、獅子と牡牛が彫り込まれた意匠など、古代オリエント世界の結晶とも言うべき都市の姿をしていた。

Persepolis 1年がはじまる聖域

宗教都市

ペルセポリスの記録は、アレクサンダーの東方遠征にいたるまでギリシャ側に残っていないことから、外国人の入域が認められていなかったと考えられる。ペルセポリスの造営目的は、ナウローズ（春の大祭）などの祭祀を行なうことにあったとされ、この聖域では行政がとられることはなかった。農耕のはじまりを告げる「新しき日（ナウローズ）」は古くからイランの正月にあたり、ゾロアスター教の教主がペルシャ王に謁見し、その後、諸民族の代表が貢納品をもって続いたという。なおイランでは、今でもナウローズを1年のはじま

ASIA
イラン

りとする暦が使われている。

ジャムシード王の玉座

イランでは、この都はペルセポリス(「ペルシャ人の都」というギリシャ側からの呼称)ではなく、タフテ・ジャムシード(「ジャムシード王の玉座」)と呼ばれている。ジャムシード王はペルシャ神話の王で、その前では争いもなく人々は安らかに暮らし、鳥や妖精、悪魔すらも王を慕ったという(王が玉座をつくってそこに坐した日が「新しき日」を意味するナウローズだという)。アレクサンダーの遠征で廃墟になり、

▲左 今から2500年前の階段跡、ペルシャ王もここを歩いた。　▲右　クセルクセス門、各地から使節が訪れた

ペルセポリスは長らく地中に埋もれていたが、高い柱だけは地上に姿を見せていた。そのため人々は「地下に埋もれているのはイマのワラである」と考え、この遺跡をタフテ・ジャムシードと呼ぶようになった。

【地図】シーラーズ〜ペルセポリス

ASIA
イラン

シーラーズ～ペルセポリス

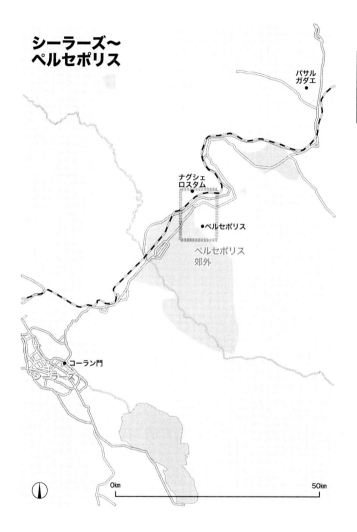

Persepolis 1年がはじまる聖域

【地図】ペルセポリス近郊図

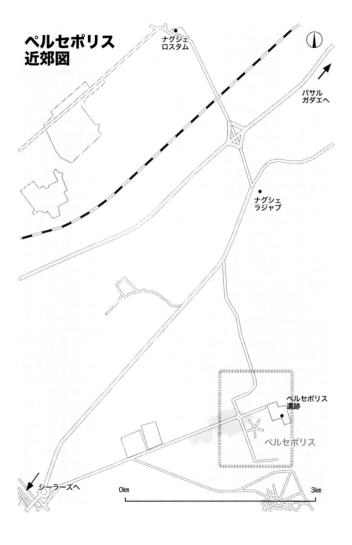

Guide, Persepolis
ペルセポリス鑑賞案内

世界遺産にも指定されているペルセポリス
ペトラ（ヨルダン）、パルミラ（シリア）とならび称される
イランの至宝

大階段 Grand Stairway ［★★☆］

クーヘ・ラマハト（慈悲の山）山麓に広がるペルセポリスの敷地面積は12万㎡にもおよぶ。ペルシャ王をたたえる祭祀にあたって、帝国各地から集まった民族の代表はこの大階段を通って謁見におもむいた。外に向かって広がる111段の階段は一段10㎝で、馬やラクダに乗ったままで宮殿内部へはいられるようゆるやかな傾斜をしている（平和的な性格をもつと言われる）。階段をのぼると奥行き270m、幅450mの平行四辺形の基壇が広がり、この宮殿の周囲を囲む城壁はかつて青、黄、緑などで彩られていたという。

【地図】ペルセポリス

【地図】ペルセポリスの [★★★]
- [ ] アパダーナ（謁見の間）Apadana Palace

【地図】ペルセポリスの [★★☆]
- [ ] クセルクセス門（万国の門）Xerxes' Gateway
- [ ] 百柱の間 Palace of 100 Columns
- [ ] アルタクセルクセス2世の王墓 Tomb of Artaxerxes II

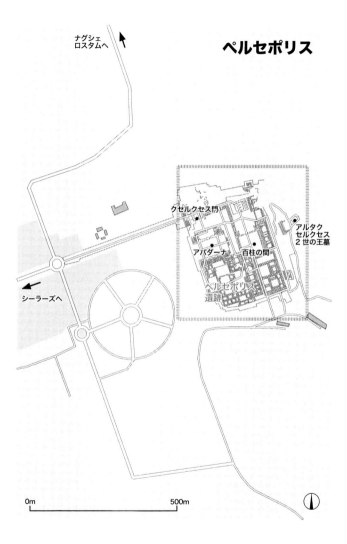

【地図】ペルセポリス遺跡

【地図】ペルセポリス遺跡の [★★★]
- [ ] アパダーナ（謁見の間）Apadana Palace

【地図】ペルセポリス遺跡の [★★☆]
- [ ] 大階段 Grand Stairway
- [ ] クセルクセス門（万国の門）Xerxes' Gateway
- [ ] アルタクセルクセス2世の王墓 Tomb of Artaxerxes II
- [ ] トリピュロン（中央宮殿）Central Palace
- [ ] ハディーシュ（クセルクセスの宮殿）Hadish
- [ ] タチャル（ダレイオス1世の宮殿）Palace of Darius I
- [ ] 百柱の間 Palace of 100 Columns

【地図】ペルセポリス遺跡の [★☆☆]
- [ ] 犠杖兵の通路 Passage
- [ ] 未完成の門 Unfinished Gate
- [ ] 宝庫 Treasury
- [ ] 博物館 Museum

ペルセポリス遺跡

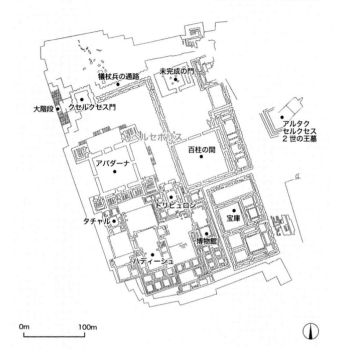

ASIA
イラン

クセルクセス門（万国の門）Xerxes' Gateway ［★★☆］

ペルセポリスを訪れる人々を迎える正門にあたるクセルクセス門。巨大な人面有翼牡牛像が守護神として刻まれていて、かつてその上部は木製の屋根で覆われていたという。この様式はアケメネス朝に先立つアッシリアの影響を受けたもので、ペルシャ帝国がメソポタミア文明の延長上にあることを示している。東はインド、中央アジア、西はギリシャ人の住むイオニア、レバノン杉の産出地であるレヴァント、南はエジプト、エチオピアといった20以上の国々の人々が訪れたことから、「万国の門」とも呼ばれ、帝国の統治者ペルシャ

▲左　クセルクセス門、守護する動物の彫刻が見える。　▲右　大階段をのぼると高い基壇、ここから先が宮殿

王が坐する間と諸国を結ぶ象徴的な門となっていた。

犠杖兵の通路 Passage ［★☆☆］

アケメネス朝の戦士として活躍した兵士が彫られた犠杖兵の通路。槍をもったエラム人戦士、弓と矢筒を肩に階段をあがっていくペルシャ人戦士などの姿が見え、ペルシャ人はフェルトのティアラ帽をかぶっている。部隊の戦士はひとりでもかけると新たに補充されたことから、「不死隊」と呼ばれていた。

ASIA
イラン

▲左　神獣の彫刻が削りとられている。　▲右　貢ぎ物をたずさえた人々

未完成の門 Unfinished Gate［★☆☆］

紀元前330年にギリシャのアレクサンダーが訪れたとき、「ペルセポリスは完成していなかった」というエピソードがある。紀元前520年のダレイオス1世にはじまった建設は、歴代王によって増改築が繰り返され続けた。未完成の門は大きな石の塊が積みあげられていて、彫りかけの牡牛の彫像が見られる。

アパダーナ（謁見の間）Apadana Palace［★★★］

アパダーナは、神アフラ・マズダとその加護を受けた「諸王

【MEMO】

ASIA
イラン

の王(ペルシャ王)」がその臣下と謁見する場所で、春の大祭ナウローズをはじめとする祭儀が執り行なわれていた。そこにはペルシャ王を権威づけ、帝国各地の異なる諸民族をまとめる意味あいがあった。一度に数千人を収容したと伝えられ、72本そびえる高さ20mの列柱の上部にはレバノン杉製の木造屋根が載っていたという(そのうち12本が現存する)。このアパダーナの東壁面には、帝国各地から訪れた23の国々の使節が彫り込まれていて、ペルシャ王に謁見する人々の様子が特徴的に描かれている。

▲左　王とその臣下が謁見したアパダーナ（謁見の間）。　▲右　20を超す民族がここに集まった

アパダーナに描かれた属国の朝貢者たち

帝国各地から朝貢に訪れる使節の図は、2000年ものあいだ地中に埋もれていたため、破壊されることなく、当時のままの様子をとどめている。ペルシャ王へ貢納するメディア人、パルティア人、バクトリア人、サカ人、カッパドキア人、インド人、アラビア人、エチオピア人など20を超す民族が描かれており、各国の使節のあいだの糸杉は、基壇脇の広場に植えてあったものを表しているのだという。

ASIA
イラン

多様な民族、多様な文化

中央アジアからインド、エジプトへおよんでいたアケメネス朝の広大な領土。都市で商いをする人、農耕に従事する人、遊牧生活を送る人など、古代では類を見ないほど多種多様な民族とその暮らしがあった。土地の伝統に根ざした諸民族に対して、アケメネス朝は寛容な政策をとり、宗教、言語、自治の自由を認めることで統治していた。帝国内では3つの公用語が使われ、4つ目の言語アラム語が共通語として使用されていたという（イエスが話した言葉がアラム語だったと見られる）。

▲左 ペルセポリス遠景、かつては柱のうえに屋根があった。　▲右　馬の彫刻、帝国中に整備された「王の道」を馬が駆け抜けた

Persepolis　ペルセポリス鑑賞案内

イランの新年ナウローズ

イランの新年にあたるナウローズ（3月21日）は、神話上のジャムシード王にちなみ、古代から連綿と受け継がれ、それは今でも続いている。新年を迎えるためにイランの人々は1ヵ月前ごろから準備をはじめ、ナウローズの日には家族や親族に新年の挨拶（「ナウローズ・ムバラク」）をして、山や川辺にピクニックに出かける。イランのほかにもその文化圏にあった中央アジア、アフガニスタン、パキスタン、クルド人居住地区などでナウローズが祝われている。また奈良東大寺二月堂で春先に行なわれる御水取（おみずとり）にもナウ

ローズの影響が指摘される。

牡牛に襲いかかる獅子

ペルセポリスで目にとまる彫刻のなかで、「牡牛に襲いかかる獅子の意匠」がある。この図像に関しては、これまでさまざまな解釈が試みられ、ひとつは「獅子をペルシャ王に、牡牛を外敵とするもの」、また「牡牛座と獅子座がそろって夜空に現れる春分点を示すというもの（農耕の合図）」、さらに「農耕の基本的な要素である雨と太陽を象徴的に示す」といった推測がされている。

▲左 あたりは広大な平原となっている。　▲右　牡牛に襲いかかる獅子の図

宝庫 Treasury［★☆☆］

アケメネス朝の領土中から集められた金銀財宝が納められていた宝庫。アレクサンダーがこのペルセポリスを陥落させたとき、この都には行政府スーサの３倍の黄金があったと伝えられる。これらの財宝を運び出すため、１万頭のロバと5000頭のラクダが必要だったという。ここで発見されたアッカド語とエラム語による石版と粘土板には、ペルセポリスの造営にあたって、人々に支払われた賃金や品々の目録があり、奴隷でなく、自由な賃金労働でこの都が建設されたことがわかっている。

ASIA
イラン

博物館 Museum ［★☆☆］

ペルセポリスで発掘されたコインや装飾品、陶磁器などが陳列された博物館。もともとはクセルクセスの王妃の宮殿として建てられたもので、内装をあらため博物館に転用されている。ペルセポリスからの貴重な出土品は、テヘランのイラン考古博物館にも陳列されている。

Persepolis ペルセポリス鑑賞案内

アルタクセルクセス2世の王墓 Tomb of Artaxerxes II［★★☆］

ペルセポリスそばのラフマト山の岩肌に造営されたアルタクセルクセス2世の王墓。それまで歴代の王墓はナグシェ・ロスタムにあったが、アルタクセルクセス2世（在位紀元前404年〜紀元前358年）の時代は、アケメネス朝が凋落し、この場所に王墓が造営されたと考えられる。アルタクセルクセス2世の宮廷にはギリシャ人医師のクテシアスが滞在し、ペルシャ帝国の記録を残しているが、ペルセポリスの記述は見あたらず、それはこの都が外国人の立ち入りができなかったためだと言われる。

▲左 アケメネス朝王墓では十字形がモチーフにされた。　▲右 ペルセポリスには多くの人が観光に訪れる

アルタクセルクセス3世の王墓
Tomb of Artaxerxes III ［★★☆］

アルタクセルクセス2世の王墓とともにペルセポリスそばに残るアルタクセルクセス3世の王墓（在位紀元前359年～紀元前338年）。王はアレクサンダーの3年前に生まれ、アケメネス朝末期にあって良政を行ない、一時、勢力を盛り返すことに成功した。しかし帝国の支配基盤はすでに傾いており、ダレイオス3世（在位紀元前335年～紀元前330年）の時代にアレクサンダーの東征で滅亡した。

【MEMO】

ASIA
イラン

トリピュロン（中央宮殿）Central Palace ［★★☆］

アパダーナの南東に位置するトリピュロンでは、王とその臣下で会議が行なわれた場所だとされる。東の入口にはダレイオス1世が玉座に座り、その背後にクセルクセスが控える彫刻が残っている。そこではゾロアスター教の神アフラ・マズダが頭上に描かれ、ダレイオス1世の玉座は28の属州の臣下によって支えられていることから、アケメネス朝の統治体制を象徴的に見ることができる。後の時代に偶像崇拝を嫌ったイスラム教徒によって、顔面部が削りとられてしまった。

▲左　アケメネス朝の最盛期に建てられたハディーシュ（クセルクセスの宮殿）。　▲右　トリピュロン（中央宮殿）

ハディーシュ（クセルクセスの宮殿）Hadish ［★★☆］

頂上部に牡牛の柱頭を載せる36本の円柱跡が残るハディーシュ。ダレイオス1世の造営を受け継いだクセルクセスが宮殿としていたことから、クセルクセスの宮殿とも呼ばれる。ダレイオス1世からクセルクセスへいたる時代はアケメネス朝の最盛期にあたり、エジプトを属国化し、一時、ギリシャのアテネも占領している（その後、サラミスの会戦に敗れ、小アジアに退却した）。パルテノン神殿が焼き払われ、このときの報復を願った売春婦にそそのかされて、アレクサンダーはペルセポリスを炎上させたという説がある。

ASIA
イラン

タチャル（ダレイオス1世の宮殿）Palace of Darius I ［★★☆］

ペルセポリスの西側に位置するタチャルからはマルブ・ダシュト平原を望むことができる。ここはダレイオス1世の宮殿とも呼ばれ、祭儀が行なわれるとき、王はこの宮殿に起居したと言われる。この宮殿への階段の側面には、供養するための動物、ブドウ酒の皮袋、食器や胚をたずさえた人々などが彫刻されている。

百柱の間 Palace of 100 Columns ［★★☆］

一辺68.5mの正方形の広間に10本10列の柱がならんでい

▲左　タチャル（ダレイオス1世の宮殿）。　▲右　高台からハデーシュをのぞむ、炎上して廃墟となった

た百柱の間。ここはアパダーナ（謁見の間）に次ぐ規模をもち、軍隊の待機所だったとされる。かつてペルセポリスには総数550本もの円柱がそびえていて、柱の礎石は逆蓮華型で生命力を、装飾された牡牛は生殖力を表していた。円柱は樹木に見たてられ、聖なる森が具現化されていたと考えられている。レバノン杉の梁を支えるために、巨大な石が上部におかれていたが、どのようにそれを運びあげたか今でもわかっていない。紀元前330年、アレクサンダーがこの場所に火を放つと、レバノン杉製の屋根は焼け落ちてしまった。

ASIA
イラン

排水溝 Drain Ditch ［★☆☆］

百柱の間奥に見られる階段を降りたところにある排水溝。アケメネス朝時代につくられた当時の姿を、ほぼ完全なかたちで残している。

Persepolis ペルセポリス鑑賞案内

ジャムシード王の秘密

古代、イランとインドに勢力を誇ったアーリア人の信仰には共通点が見られ、ゾロアスター教の聖典『アヴェスター』に登場するイマ（ジャムシード王）はインドではヤマにあたり、仏教では死者を裁く閻魔大王になった。またイマに関して、「人類と動物を死滅させる寒波が訪れるとの啓示を受け、イマがワラと呼ばれる建物をつくってそれをしのいだ」という「ノアの箱舟」と酷似した伝説も残っている。

アレクサンダー東方へ

ペルシャとギリシャ
ふたつの価値観が衝突し
やがて新たな文明が育まれた

ペルシャとギリシャ

古代文明を花開かせたペルシャとその隣国ギリシャ。王を中心とした専制君主制のペルシャと合議制による民主主義がとられたギリシャでは、政治体制が大きく異なり、ギリシャはペルシャをバルバロイ（野蛮人）と呼んでいた。エーゲ海をはさんでペルシャとギリシャの抗争は続き、サラミスの海戦、マラトンの戦い（42.195km走るマラソンの原型となった）などで両者は火花を散らしていた。紀元前4世紀、このようななかアレクサンダーは数あるギリシャ都市（ポリス）群の北部にあったマケドニアの王として登場した。

ASIA
イラン

アレクサンダーの東征

アジアに君臨した強大な帝国ペルシャは、それまで世界でもっとも強い軍隊をもっていると言われていた。それに対して、紀元前334年、東征に出発したアレクサンダーは、職業軍人を中心にきたえあげた軍隊をもち、次々とペルシャ軍を破っていった。紀元前331年、ガウガメラでアレクサンダーのギリシャ軍とダレイオス3世率いるペルシャ軍（スキタイ人、インド人、ソグド人などの連合軍）が最後の戦いを行ない、激戦の末に勝利したアレクサンダーは、バビロンに無血入城し、「自分こそが新たなアジアの王である」と宣言した（ア

▲左　さまざまな民族を統治したペルシャ王への使節。　▲右　青空に一際映える鳥獣、職人の技で彫られた

ケメネス朝滅亡）。

ペルセポリス炎上

バビロンからエクバタナなどペルシャ主要都市へと軍を進めたアレクサンダーの前にペルシャ人は抵抗することなく、王はついにファールス地方へいたった。そこでアレクサンダーはギリシャのパルテノン神殿とはあまりにも規模の違う神殿とペルシャの文化を目のあたりにした。しばらくこの都に滞在したが、やがて宮殿を炎上させ、ペルセポリスは廃墟となった。それでもアレクサンダーはペルシャ最後の王となったダ

レイオス3世の娘を妃に迎えるなど、アケメネス朝の伝統や文化を重んじ、ギリシャとペルシャを融合した新たな国家像をつくろうとした。

融合する東西文明

ペルシャ征伐という目標を達したのちも、アレクサンダーは、インドの富を求めて東征を続けた（ヒンドゥークシュを越えて中央アジアにいたり、軍はインダス河に達していた）。けれどもインドを目前にして長期間続いた戦への嫌悪などから、部下の反対にあい軍を引き返すことになった。紀元前

ASIA
イラン

▲左 アレクサンダーの手で宮殿は廃墟となった。　▲右　東西交通の要衝カイバル峠、アレクサンダー軍も通った

323年、王は若くしてバビロンで亡くなったが、遠征途上で各地に街アレクサンドリアを築き、ギリシャ人を残していた。のちの時代、ガンダーラ（現パキスタン）にいたギリシャ人が優れた彫刻技術ではじめて仏像を制作するなど、王の遠征が契機となって東西文明が融合していった。

【MEMO】

参考文献

『世界の大遺跡 4 メソポタミアとペルシア』(増田精一 / 講談社)

『古代イランの美術』(ロマン・ギルシュマン / 新潮社)

『ペルシア建築』(A・U・ホープ / 鹿島出版会)

『文明の道 アレクサンドロスの時代』(NHK「文明の道」プロジェクト /NHK 出版)

『ペルセポリス』(並河亮 / 芙蓉書房)

『ペルシア美術史』(深井晋司・田辺勝美 / 新潮社)

『イラン史』(蒲生礼一 / 修道社)

『大阪大学イラン祭祀信仰プロジェクト』(web)

『世界大百科事典』(平凡社)

まちごとパブリッシングの旅行ガイド

Machigoto INDIA , Machigoto ASIA , Machigoto CHINA

【北インド - まちごとインド】

001 はじめての北インド
002 はじめてのデリー
003 オールド・デリー
004 ニュー・デリー
005 南デリー
012 アーグラ
013 ファテープル・シークリー
014 バラナシ
015 サールナート
022 カージュラホ
032 アムリトサル

【西インド - まちごとインド】

001 はじめてのラジャスタン
002 ジャイプル
003 ジョードプル
004 ジャイサルメール
005 ウダイプル
006 アジメール（プシュカル）
007 ビカネール
008 シェカワティ
011 はじめてのマハラシュトラ
012 ムンバイ
013 プネー
014 アウランガバード
015 エローラ
016 アジャンタ
021 はじめてのグジャラート
022 アーメダバード
023 ヴァドダラー（チャンパネール）
024 ブジ（カッチ地方）

【東インド - まちごとインド】

002 コルカタ
012 ブッダガヤ

【南インド - まちごとインド】

001 はじめてのタミルナードゥ
002 チェンナイ
003 カーンチプラム
004 マハーバリプラム
005 タンジャヴール
006 クンバコナムとカーヴェリー・デルタ
007 ティルチラパッリ
008 マドゥライ
009 ラーメシュワラム
010 カニャークマリ
021 はじめてのケーララ
022 ティルヴァナンタプラム
023 バックウォーター（コッラム～アラップーザ）
024 コーチ（コーチン）
025 トリシュール

【ネパール - まちごとアジア】

001 はじめてのカトマンズ
002 カトマンズ
003 スワヤンブナート

004 パタン
005 バクタプル
006 ポカラ
007 ルンビニ
008 チトワン国立公園

【バングラデシュ - まちごとアジア】

001 はじめてのバングラデシュ
002 ダッカ
003 バゲルハット（クルナ）
004 シュンドルボン
005 プティア
006 モハスタン（ボグラ）
007 パハルプール

【パキスタン - まちごとアジア】

002 フンザ
003 ギルギット（KKH）
004 ラホール
005 ハラッパ
006 ムルタン

【イラン - まちごとアジア】

001 はじめてのイラン
002 テヘラン
003 イスファハン
004 シーラーズ
005 ペルセポリス
006 パサルガダエ（ナグシェ・ロスタム）
007 ヤズド
008 チョガ・ザンビル（アフヴァーズ）
009 タブリーズ

010 アルダビール

【北京 - まちごとチャイナ】

001 はじめての北京
002 故宮（天安門広場）
003 胡同と旧皇城
004 天壇と旧崇文区
005 瑠璃廠と旧宣武区
006 王府井と市街東部
007 北京動物園と市街西部
008 頤和園と西山
009 盧溝橋と周口店
010 万里の長城と明十三陵

【天津 - まちごとチャイナ】

001 はじめての天津
002 天津市街
003 浜海新区と市街南部
004 薊県と清東陵

【上海 - まちごとチャイナ】

001 はじめての上海
002 浦東新区
003 外灘と南京東路
004 淮海路と市街西部
005 虹口と市街北部
006 上海郊外（龍華・七宝・松江・嘉定）
007 水郷地帯（朱家角・周荘・同里・甪直）

【河北省 - まちごとチャイナ】

001 はじめての河北省
002 石家荘
003 秦皇島
004 承徳
005 張家口
006 保定
007 邯鄲

【江蘇省 - まちごとチャイナ】

001 はじめての江蘇省
002 はじめての蘇州
003 蘇州旧城
004 蘇州郊外と開発区
005 無錫
006 揚州
007 鎮江
008 はじめての南京
009 南京旧城
010 南京紫金山と下関
011 雨花台と南京郊外・開発区
012 徐州

【浙江省 - まちごとチャイナ】

001 はじめての浙江省
002 はじめての杭州
003 西湖と山林杭州
004 杭州旧城と開発区
005 紹興
006 はじめての寧波
007 寧波旧城
008 寧波郊外と開発区
009 普陀山
010 天台山
011 温州

【福建省 - まちごとチャイナ】

001 はじめての福建省
002 はじめての福州
003 福州旧城
004 福州郊外と開発区
005 武夷山
006 泉州
007 廈門
008 客家土楼

【広東省 - まちごとチャイナ】

001 はじめての広東省
002 はじめての広州
003 広州古城
004 天河と広州郊外
005 深圳（深セン）
006 東莞
007 開平（江門）
008 韶関
009 はじめての潮汕
010 潮州
011 汕頭

【遼寧省 - まちごとチャイナ】

001 はじめての遼寧省
002 はじめての大連
003 大連市街
004 旅順
005 金州新区

006 はじめての瀋陽
007 瀋陽故宮と旧市街
008 瀋陽駅と市街地
009 北陵と瀋陽郊外
010 撫順

【重慶 - まちごとチャイナ】

001 はじめての重慶
002 重慶市街
003 三峡下り（重慶〜宜昌）
004 大足

【香港 - まちごとチャイナ】

001 はじめての香港
002 中環と香港島北岸
003 上環と香港島南岸
004 尖沙咀と九龍市街
005 九龍城と九龍郊外
006 新界
007 ランタオ島と島嶼部

【マカオ - まちごとチャイナ】

001 はじめてのマカオ
002 セナド広場とマカオ中心部
003 媽閣廟とマカオ半島南部
004 東望洋山とマカオ半島北部
005 新口岸とタイパ・コロアン

【Juo-Mujin（電子書籍のみ）】

Juo-Mujin 香港縦横無尽
Juo-Mujin 北京縦横無尽
Juo-Mujin 上海縦横無尽

【自力旅游中国 Tabisuru CHINA】

001 バスに揺られて「自力で長城」
002 バスに揺られて「自力で石家荘」
003 バスに揺られて「自力で承徳」
004 船に揺られて「自力で普陀山」
005 バスに揺られて「自力で天台山」
006 バスに揺られて「自力で秦皇島」
007 バスに揺られて「自力で張家口」
008 バスに揺られて「自力で邯鄲」
009 バスに揺られて「自力で保定」
010 バスに揺られて「自力で清東陵」
011 バスに揺られて「自力で潮州」
012 バスに揺られて「自力で汕頭」
013 バスに揺られて「自力で温州」

【車輪はつばさ】
南インドのアイラヴァテシュワラ寺院には建築本体に車輪がついていて寺院に乗った神さまが人びとの想いを運ぶと言います。

・本書はオンデマンド印刷で作成されています。
・本書の内容に関するご意見、お問い合わせは、発行元の
　まちごとパブリッシング info@machigotopub.com までお願いします。

まちごとアジア
イラン005ペルセポリス
　〜華麗なる「王都」［モノクロノートブック版］

2017年11月14日　発行

著　者	「アジア城市（まち）案内」制作委員会
発行者	赤松　耕次
発行所	まちごとパブリッシング株式会社 〒181-0013　東京都三鷹市下連雀4-4-36 URL http://www.machigotopub.com/
発売元	株式会社デジタルパブリッシングサービス 〒162-0812　東京都新宿区西五軒町11-13 清水ビル3F
印刷・製本	株式会社デジタルパブリッシングサービス URL http://www.d-pub.co.jp/

MP051

ISBN978-4-86143-185-2 C0326　　　　Printed in Japan
本書の無断複製複写（コピー）は、著作権法上での例外を除き、禁じられています。